FRANCISCA ALFARO

CRUJIR DE PAJÁROS

Selección del Reclutamiento Poético 2015

Poemarios ganadores de
XXXVII Juegos Florales de Zacatecoluca, El Salvador (2014)
I Concurso de Poesía "Santa Tecla Activa", El Salvador (2015)

CRUJIR DE PAJÁROS

Crujir de pájaros ©
Francisca Alfaro ©
Seleccionado en el Reclutamiento Poético 2015
Prólogo por:Marta Miranda
Copyright © Editorial del Gabo, 2015
Colección: Tripa Chuca #3
ISBN: 978-0-692-49169-0

Edición y Corrección: Andrés Norman Castro
Arte exterior: Alejandro Marré
Diagramación: Sirius Estudio

Editorial del Gabo
San Salvador, El Salvador, Centro América
editorialdelgabo.blogspot.com • /editorialdelgabo

Francisca: La Mujer, La Voz y el Reclutamiento Poético 2015

Para la Editorial del Gabo es fundamental ser una plataforma para nuevas lecturas, para convertirse en un coro de voces polifónicas para la región. Es por eso que se convocó a un Reclutamiento Poético, plural y abierto, para abrir nuestra editorial, durante un mes, a las voces más interesantes y escondidas del mundo.

La respuesta a nuestro Reclutamiento Poético 2015 fue sorprendente; 50 trabajos de 9 países del mundo. Sin embargo, un libro pudo capturarnos por sobre los demás y alimentar nuestro deseo de producirlo. Ese libro es "Crujir de Pajaros" de Francisca Alfaro y que ahora es una realidad.

Podemos decir que Francisca y su libro nos sorprendieron gratamente en su lectura al no recurrir a lo coloquial ni a lo prosaico y por sus profundas raíces en el lenguaje mismo, en su riqueza. Es poesía de factura excelente, escrita en un lenguaje rico y bien estructurado, que no cae en lugares comunes ni en referencias a la autora, la realidad nacional o a la literatura.

Encontramos en la voz de Francisca marcada influencia por los grandes de la literatura latinoamericana, de voces como la de Alejandra Pizarnik y Homero Aridjis, dando así una bocanada diferente a la tendencia de los autores contemporáneos con escrituras no fundamentadas y facilistas. Su voz y su canto, es el de mujeres heroicas, libre, independientes, pero sobre todo, sensibles como Prudencia Ayala, Frida Kahlo y Manuela Sáenz.

Una de las cualidades fundamentales de esta poesía es su maduro dominio del ritmo, algo también raro en la poesía contemporánea. Francisca no nos obnubila con las catástrofes sociales que vive su país, ni con humor de antipoeta, con esplendor publicitario, o con expresiones rebuscadas en nombre de una "poesía vanguardista", que no tiene domicilio conocido desde los albores del Siglo XX.

Para la Editorial del Gabo es un verdadero honor contribuir a que esta importante voz de la nueva generación de poetas de El Salvador pueda darse a conocer y ser disfrutadoa, como quien disfruta una buena copa de vino o un güisqui en las rocas, por los lectores del mundo.

Consejo Editorial de la Editorial del Gabo
San Salvador, Madrid, Tegucigalpa, Montevideo y Ciudad de Guatemala

Crujir de pájaros, de Francisca Alfaro

En su primera parte, este libro instala a través de un extenso poema, *Ficción del amor*, una genealogía, una manera en que ha sido concebido o una manera en la que la autora concibe el principio y el devenir de todas las cosas. Visión del amor como medio para instalarte del otro lado, el rito iniciático que clausura la infancia y transforma lo onírico en real.

Hay una insistencia en ese estado infantil, insistencia familiar en sostener lo idílico, los símbolos luminosos: hay que ocultar el deseo para que no convertirse en carne mortal, en lodo.

Pero como en el cuento infantil, quién finalmente nos salvará del sueño eterno es el beso, la carne sobre la carne, el contacto con el otro. Francisca está dispuesta a morir en ese mundo infantil, el mundo del deseo sublimado para comenzar éste viaje iniciático hacia su otro lado, hacia la sombra, a ese territorio en donde el deseo se consuma, y que conlleva, por escencia, una repetición infinita de satisfacción y pérdida, renacimiento y muerte. La poeta claramente elige, elige atravesar el fuego, ser carne moldeada por su deseo.

Lloverá y llueve/ para que los dos nos lavemos la miel/y no seamos más que limpios laberintos de carne/donde ayer fuimos manzanas/

Los pájaros de Francisca crujen y su crujido es palabra. Son palabras que hablan de juegos: juegos previos, infantiles, los preliminares a la vida adulta. Hay exploración, se observa en el espejo, se descubre ahí y en su reflejo al objeto de deseo más cercano: la otra.

Situación incómoda sentirse fuera del orden. El desafío de la poeta/niña es romperlo, quebrarlo para instalar un reino propio, un orden personal que hable de ella. Perder la manada, la especie, refundarse a imagen de sus ansias. Fundada desde su sexo por obra y gracia de los sentidos. Y a su vez ir más allá y volver a fundirse en la repetición, anular el sentido y alcanzar el grado cero en donde ya no se es. Y así, al infinito. Estos poemas nos muestran que para Francisca no hay meta, hay camino.

De vez en cuando reaparece el eco de otro tiempo que insiste en la admonición y reintenta un orden. Pero la poeta ha abierto una brecha en el tiempo, escapó de un estado de sueño, de su crisálida y se volvió real. Hay condena en el desborde, en el deseo derramado. Pero ella elige pagar el precio pues el riesgo es quedar constreñida en una historia ajena, encerrada en un cuento de hadas dicho por otra boca. Entonces vemos que, lo que es desborde, para la autora es salvación, lucidez, cordura.

En esta empresa no está sola, lleva consigo una legión de desconocidos que se hermanan en el deseo y se guarecen en la noche. Sin embargo no es dulzura todo lo hallado. A veces, los rituales operan en la noche de manera sórdida y cruel. La iniciación conlleva rudeza, dolor, sangre. No hay música, hay ruidos. No hay batir de alas: hay crujido.

Yo caminé por todos los callejones donde antes deambulábamos/ para mirar algún cuerpo de ángel transfigurado

La segunda parte de éste poemario está compuestas por textos más breves reunidos bajo un signo común, *la sombra*. Estos poemas son luminosos, no porque estén escritos desde la luz, si no y paradójicamente, porque están atados a ella para poder existir: la luz es quien recorta la sombra y la vuelve visible. En su conjunto son como una reverberación del pasado, de lo que hubo que hacer/matar para llegar hasta aquí. Pero no todo es pasado, vemos a Francisca ostentar en el poema las marcas que dejó la mordaza en su boca.

Son poemas reflexivos, en donde por ahora la genealogía ha quedado atrás. Ahora se habla desde un presente absoluto. Hay diálogo permanente entre una mujer que está parada al margen, en un territorio cercano a la locura y a la sombra, con otra que da puede cuenta de la experiencia del mundo. Ambas son ella misma en el intento de explicarse, de cerrar con palabras la herida abierta en el tránsito hacia el corazón de sí misma.

Los pájaros que sobrevuelan este primer libro de Francisca Alfaro nos hablan de libertad, de un no lugar, de un lugar sin mucha identidad en donde la poeta ha decidido construir su propio mundo, su universo. Es la mirada de una niña eterna en un mundo de adultos, atravesada por el despertar, la maravilla, la pérdida. La orfandad. Y por su única seguridad: la poesía.

Marta Miranda
Poeta Argentina

DE FICCIÓN DEL AMOR

I

Y en las linternas llevan canciones
por donde se mira un pájaro gris.
Se les ve en los rincones bajo la luz
acurrucados, para no ser notados por el vigía,
siempre alerta de los gritos y los goces.
Las muchachas siembran con sus bocas
luciérnagas de fuego que se llaman Marías.

II

Muchachos lloran la muerte de sus golondrinas,
les hablo de Eurídice, la doncella virgen del jardín
y todos calman su angustia de mariposas en la garganta.
Quieren desplumar al pájaro de los sueños
y les canto un salmo,
 les rezo
 nos convertimos en cabras.

III

El beso entre ellas es el amor de cien veranos.
A lo mejor está una alondra en la ventana
cuando la madre les deja a solas
en la casita de muñecas.
A lo mejor el miedo a los zapatos de cristal de las abuelas
vuelve y se estrella contra el piso.
El pie dulce de Lucía sangra como fruta.
Ella nunca para de saltar, nunca para de gritar
    y nunca para de danzar con júbilo en la rayuela

IV

Me busco un rincón para ignorar mi muerte favorita
coloco los guiñapos de juguetes mudos sobre la estera.
Me busco el vestido blanco cosido por mi madre
y lo enlodo como deseando lavar mi deseo de azúcar.
Me busqué el sol favorito para llamarlo,
lo amarré a la rama de cedro hasta que viniera.
Viene, se acerca a mi pelo negro y lo deja mojado
trae tormenta de hombre verde y saliva de Morfeo.
Nos besamos hasta que el amor es una mentira
hasta que llegue la mañana y vuelva a mirarme muerta
como lo he estado desde que nací
helada como tarántula de infierno.

V

Oigo un ruido en los estantes cerrados de esa habitación
me callo para saber si los cuervos que vi una vez en país helado
me han venido a buscar como lo saben hacer.
Me quedo mirando a la cerradura y los metales
y sólo escucho sangre cayendo en un pozo.

VI

Lloverá y llueve
para que los dos nos lavemos la miel
y no seamos más que limpios laberintos de carne
donde ayer fuimos manzanas.
Lloverá y llueve
porque vos no soportás el olor a naranja
                                    de la inmortalidad.

VII

Él era un eco en mi pecho
haciéndome cortos los días.
Lo encontraba cada mañana con su boca de higo
mirándome y yo cerrando el escote.
Él sólo era un niño que me desnudaba con su cara de amanecer
y me pedía una uña
para hacerme un altar de mi misma.
Yo confieso que lo he amado esta mañana
mientras todos en el calor de las caras vacías
miraban el ir y venir de los niños formales y buenos.
Él me dijo lo que mil pájaros de ayer no me dijeron.

VIII

Los amigos de una niña rubia
celebran su corta y experimentada ventaja
en el arte de hacer vibrar sus pechos,
    como ninguna emoción más impura
pudo santificar sus sexos.

IX

Melissa tiene las pecas más lindas
-dijo- y fue quitándose la ropa.
Ambas se habían visto ya sin aquellos tiesos uniformes
se acariciaron como mirando una estrella de mar en medio de las piernas.

X

Melissa
Yo quiero que me lleven al mar
y quedarme tendida junto a los más distraídos de mis amores.
Es decir, esos amigos más cercanos que nunca dicen nada
quiero contarles de las mil historias ciertas
la que más me duela
la que sólo cuento cuando una hormiga apareció en mi lengua
y no puedo quedarme muda.
Yo quiero estar con ellos en la arena
quitarme por unas horas el gesto rabioso de ser medusa.
Yo quiero que un día nos demos un beso de amigos
como esos que se dan sin pretender nada
y luego leeremos un poema
que habremos escrito mientras todos dormían
de esos que salen una noche cuando ya sobra el llanto.
Y finalmente
haremos el amor
como si fuéramos cangrejos
hermanados en necesidad de caminar al revés.

XI

Gotas de aceite
perfume de rosas con almendras,
    dientes brillantes
y unas manos suaves
con una piel cubierta de bellos.
Un hombre recostado en una alfombra
con su alma triste como el beso franco.
Una cara ancha y ojos llenos de abismo.
    Un gato mirándonos por la ventanita
de ese cuarto frío, donde todo se queda en la pared.

XII

Para que este hermano muerto
no resucite al octavo día
pido a Santa Rita
no permita
el vuelo de sus senos.

XIII

El tiempo es canción cuando nacemos
en la saliva sagrada de un amante.
Y nos dejamos sollozar.
Un trueno sacude nuestra cortina del cuarto.
Y los cajones donde las dulces muñecas reposan
crujen con estrépito por debajo.

El relato se tuerce,
inesperado círculo de pasaportes concupiscentes,
donde el sexo es una alegoría
de lo que se deja en hospitales y hospedajes.
Los argumentos se agotan
después de tanto encontrarse desnudos
hasta que ya no hay manera de recuperar
la imagen prístina de la inocencia.

Ellos, los personajes, han salido de la muerte
de sus egos y sus idilios.
Besándose siempre las heridas
hasta quitar la sangre seca de los desamores.

Eso era el rito,
un camino sin lámpara
donde agoreros desgarran el juicio
hasta caer en el vacío de un cuerpo
que nos busca con alguna máscara
que tal vez sea un ser con tiempo.
No existe ninguna voz desde un lugar líquido
que guarde dioses con sexos imperecederos.
No existe ninguna buena intención llamada destino.
No hay un *"Sean felices para siempre"*
porque la llama de los amores es dirigida por Ovidio, romano festivo
hacia ningún puerto, con ningún método de fiar
para salir bien librado de las tragedias.

XIV

Ella no descubría cuál era el misterio de él.
Él tenía más de un secreto guardado en los zapatos.
Ellos se amaban con frecuencia detrás de las puertas,
hacían crujir los desahuciados andamios de las camas.
Se besaban sin importar la hora o el espacio público
donde los ruidos hacen una fiesta sin vinos
para los que se enamoran de las sudoraciones,
palabras cómicas, llantos e histerias.

XV

Viajábamos mucho desde la ciudad
hacia esa parte alta donde tomábamos vino
y hablábamos de lo que podíamos hablar.
Yo era imprudente, mal intencionada
comentaba mis recuerdos como si fueran experiencias sagradas
y me escuchaba porque nuestros cuentos
eran muy parecidos.
Luego se fue.
Ya nunca más hablamos de eso que se podía hablar.
Seguimos solo siendo dos viejos amantes
que se escriben para hablar de los lugares comunes,
aunque a veces
                        armamos cuentos que se cruzan.
Viajábamos mucho desde la ciudad
porque ella siempre fue hueca
como nuestras vidas llenas de normas ácidas
y nosotros no éramos normales,
                        éramos
unos muchachos custodiando el ser que nos cuece.

XVI

Nuestros sexos eran suaves mariposas juntándose.
Se enamoraron mientras duró su tiempo.
Porque el tiempo en los seres del amor.
es efímero
                  o no lo es.
Nuestros sexos eran materiales y audibles.

XVII

Deambulan por la sombra de su cabeza.
Él no les da forma alguna
porque ellos ya han muerto.
No tienen golondrinas en la garganta,
no danzan desnudos frente a las estrellas,
no llevan luciérnagas para festejar a escondidas;
y ya no necesitan llorar
para dejar atrás el aburrimiento.
En las linternas ya no llevan nada más que miedo.
El corazón se les ha inundado de miedo
esa espesa niebla de la fatalidad les hace retroceder
y no aparecerán en la página de las dimensiones inmortales.
Nadie los podrá inventar como deben ser.
El amor los desborda, y eso es peligroso.
Nadie los rescatará de la poca fortuna
de no existir en el tiempo correcto
sino en el incorrecto,
con los seres incorrectos
y los dioses
también
INCORRECTOS.
.

XVIII

Esta tarde los espectros
del amor vuelven
Melissa la de las pecas, señala al horizonte un cuerpo amado.
 Es otro cuerpo con voluptuosidades y escamas rubias
que abraza un calor húmedo.
 Ellas son solo seres en pleno vuelo.
Nadie las ha liberado, solo se han visto en los espejos de los océanos
y no soportan tanta soledad
y no miran atrás para dejar los inframundos.
Melissa sabe que el amor debe ser respetado por los perros,
 pero no entiende por qué su padre
no respeta esa regla básica de sentido común.
Melissa quiere que sepan las señoras que rezan el rosario
 que ella no es una niña para encerrarla y hacerla caer en el sueño
donde una linda virgen le acaricia el rostro.
Melissa solo quiere correr detrás de una linda niña.

XIX

Luciérnagas de fuego,
Marías llenas de silencio y oscuridad,
porque no hay luz en los andenes de un tren novela
ni hay luz en la trama de una película de seres palpitantes.
Luciérnagas en el sexo
en la espalda tibia de los que duermen abrazados
bajo una camisa de deseos llamada noche.
Luciérnagas como descripción de los anocheceres
y los misterios que juntan a los necesitados
para darse un rato de paz y salvación
desde el lenguaje de los hambrientos.

.

XX

La película debía empezar
con los deseos ya señalados por el script
y por los impulsos infantiles de buscar un nutrido seno
 para sobrevivir.
Así empezaron los más chicos a participar
en la sesión de dejar el cielo inmóvil.
Así siguieron los mayores
incorporándose a los ritos de iniciación,
 donde vale tomar de la mano a un desconocido
y no dormir
 porque si te duermes
 te puedes olvidar
de tu sombra como bandera de tiempo.

XXI

Tiniebla dulce de los corazones,
 gitanos agolpándose como pájaros tibios.
 Sordidez de manos entumeciendo a los hombres avispas
 que miran a las mujeres sin ojos dando vueltas en la cábala.
 Malabaristas cruzan el fuego de tres aros
 apretujados entre fósforos delirantes y cómicos.
 Abiertos al cielo fétido en su sexo
 los alquimistas recogen mariposas gigantes
 que caen muertas sin escuchar el arrullo de los mancebos.
 El sol fue ruido ante la desnudez de los debutantes.
 La Luna siniestra apareció sin razón y sangrante
 para yacer en los rostros vacíos de niños azules.
 Blandían las chispas sanguíneas de sus deseos malsanos
 y los cuerpos se unieron en uno solo.
 Vientos amargos hicieron caer uno sobre otro los cuerpos
 hasta absorberlos en un magma violeta.
 Cielo y sombras en las manos del horripilante
 sangre y espuma en la locura de sus estruendos.
 Un eclipse de sombras era su ser
 como desde el edén o la babilonia carnívora.

XXII

Yo caminé por todos los callejones donde antes deambulábamos
para mirar algún cuerpo de ángel trasfigurado
donde antes solo miraba tu espalda.
No te encontré porque ya te habías ido.
No te encontré porque no dejaste una dirección para mí.
No te busqué porque yo también ya me había marchado.

XXIII

Melissa tiene la edad del amor.
 No deja el colegio todavía
pero sueña con llegar a ser como las niñas de las series que lee.
También imagina a esos muchachos hermosos de las películas y las novelas.
Los mira entrando en su cuarto por una ventana
 a media noche, por supuesto.
Ella quiere crecer y salir de esta jaula que se llama novela
donde ella escribe el capítulo inconcluso de un amor tan irritable.
No sabe de los amores seguros y esenciales
solo sabe de caminar sin rumbo ni dueño,
sin amigos que limiten su necesidad de llegar al sol.
Para Melissa el sol es importante
y todas las mañanas lo saluda con afecto mientras busca su camino
iluminada con la canción de sus cabellos rubios.

XXIV

Melissa ha mirado a otro cuerpo.
Ya no es su niña favorita corriendo en los pasillos.
Melissa ha visto un cuerpo amplio y violento
un rostro que se vuelve llama
y le trueca en un poema tan cursi como este:
"Necesito mirar tu boca
para encontrarme con ella como una ola suave
y sumergirme en el espeso cielo de tus deseos
que me dejarán para siempre incauta en tu cuerpo.
Tu boca es el camino de lluvia
por donde pienso escapar a la normalidad de los días.
Sé que otras miran tu boca
pero desde ya es solo mía, o al menos por ahora
porque sos mi mar dulce nombrándome
para llegar contigo a dónde no he ido nunca"
Pobre Melissa que no sabe de saltar muros a la media noche

XXV

Ella se irá con el nudo hecho en las cintas de zapatos.
Encontrará una edad distinta para seguir con su búsqueda
semáforo tras semáforo, parque tras parque y vestido por vestido.
El amor es el itinerario rosa de su otro yo crepuscular
y andará sin suerte y con ansias por los caminos de la sombra.

XXVI

Melissa es un pájaro musical sin ojos y con plumas muy brillantes.
Sus ojos están vacíos, no sabe dónde los ha perdido
porque en el tiempo de ella los ojos son secundarios
Y allí los dejó perdidos en laguna montaña donde reposara del silencio.
Ella sólo es un pájaro musical que quiere ser pájaro de ruidos.

DE INVENTARIO DE LA SOMBRA

Sombra de un perro vago

Soñabas con ella.
Era tu madrugada.
Tu vastedad de manzana en la lengua
tu cuerpo sin heridas, blanca tierra
tu mar, sí. El mar y sus caricias de reptil.
Soñabas con ella.
Era tu lámpara y moneda.
Te alcanzaba el día y escondías la noche
te mordías los labios y te sacudías el polvo.
Porque soñabas a dormir desnudo
a estar con ella: la calle sin fin.
Abierta y cálida, horizonte y abismo.

Sombra de planeta

"Vos te querés comer un planeta

Y yo soy un planeta"

Te dije esa noche:
"¡Sos un planeta!"
Te lo creíste. Te dejé gravitando en mi rojo infinito.
Te lo creíste. Planeta mojado por el orgasmo de un sueño.
Te lo creíste, niño extraño, planetario y triste.
Sos un planeta tibio
donde me desnudo y amanezco
donde mi lengua puede ser feliz.
Sos un planeta. ¿Para qué otro cuerpo?
Para qué decir que sos un río,
una piedra, un pez o una salamandra.
El planeta al que le dejé mi última luna
Planeta para pasar la noche y temblar
concibiendo el placer de un día.

La casa en sombras

Esa ventana tiene una casa que aúlla
¿Lo has escuchado?
Es un lento y variante aullido
¡Cierra los ojos y mirarás un esqueleto!
A esta hora llega el miedo y nos da frío.
¿Tienes frío?¿ Te da miedo o no?
El miedo es parte de la casa, la duda
el infame silencio, la horca, el pie negro.
Y un cuerpo que juega esconderse.
¡Cierra los ojos y mirarás un esqueleto!
Al fin tu mano, el calor de tus brazos
y tu respiración en mi oído. El reloj.
¿Nos dormimos? ¿Tienes hambre?
Es la loca de los dientes de oro, la loca
Y sus amigos negros con caras deformes.
¡Cierra los ojos y mirarás un esqueleto!
¡Cierra los ojos y mirarás un esqueleto!

Sombra amable

Mañana temprano por los jardines
nos iremos a cantar
a soñar con pastos rebosantes
                        a medir las nubes
                                        y a querer el beso.
Mañana por la tarde
    nos iremos por los parques
                        a ser de nuevo ventanas locas
que abiertas han quedado por el amor.

Sombra Magdalena

Para qué te esfuerzas en cantarlo como alondra
por qué lloras Magdalena loca
para qué te empeñas en dormirlo y muda sollozar
para qué dejar los cabellos en esa cama.
¿Para qué?

Sombra de Mariposa

Él creía que yo era mariposa.
Él creía que yo podía andar libre por las flores.
Y ser viento. También muerte.
Y sí, en efecto, soy mariposa
pero no logro ser una obsidiana
donde quisiera ser más que mariposa
color desteñido de primavera.
También soy espada, navaja y lengua.
También soy escapulario de un recuerdo.
Y santa brújula de carne. También soy.
Era que él creía
que yo soy mariposa.
Y en efecto lo soy. También serpiente.
¿Pero qué hace una mariposa extrañando un planeta?

Persecución de la luz asesina

Lechuzas, ecos en la conciencia.
Espacio de tierra donde dormiremos
abrazados por el barro y el olvido
en el silencio, esencia pura, donde el tiempo vive.

Lechuzas en los caminos, en medio de las Ceibas
Los crisoles, años cantando a los Amates.
y el retorno de nuestros ancestros
                        en la tierra,
en la piedra,
                        en la cruz
            en los hijos que nacen de la voracidad de los días.

Huesos donde ayer hubo palabra
donde ayer hablamos de lo que no había
en este país que duele como parto
                        como treinta y dos disparos en la cara de un jovencito
                        como veinte heridas en los pechos suaves de una niña.
Lápida ¡Qué deudas nos reclamas!.
Tú y tus once mil muertos vivos.
Tú y tus cruces de amor en la chapa de una madre.
Tú y tus flores de un dos de noviembre.

Sombra del negro corazón

Negro es mi corazón. He dejado mi niñez pura
Mi beso amable. Mi honor de seda.

Negro es mi corazón y no me canso.
Negro también es mi vestido.

De madre sin hijos. De nuera bala loca.
De suegra con bigote. De gitana sin cabras.

Negro es mi baile. Como mi sangre de Honduras
Como mi abuelo descalzo.   Ese hombre de pronunciada boca.

Negra yo. Negritud de mi pie en la espera.
Negro mi corazón humano tan dulce y fugaz.

Algún día creeré en los museos del corazón
Aprenderé a odiar. O a imaginar que odio.
Por ahora negro es mi corazón, por tanta sombra.

Sombra piel

Mapa para navegar en el amor
Sirena que canta para ser feliz.
Sol radiante que hace mover los días
Para que mi corazón renazca como una planta violeta

Sombra del niño rubio

a R. por su paciencia

Claros cabellos de radiante Adonis
trigo recién cortado y aún oloroso a tierra.
Tus espigas son el eco de los abuelos de varios continentes
y en tu sangre hay una fiesta con tambores
que invita a la danza y la alegría de los seres simples.

Sombra del pájaro

Ese sos vos
un pájaro tibio sobre la baranda.
En mi oído tibio bullicio, musical tiempo
todo canción y espera
todo espacio, montaña en la sinfonía.
Miro el pájaro.
Y ciega me digo: loca mira y sin mirar
con la lentitud del embeleso.
Miro el pájaro
ese sos vos
y estrello mis deseos en tu ojo.
y vos venís como atraído por mi lengua

Sombra del vendedor de lotería

Te vi hoy por la mañana
jugando a vender lotería.
Sé que eras vos,
te vi detrás de los anteojos negros.
Llevabas una camisa a rayas
y un pantalón ajustado color azul.
Jugaste a hacerte el ciego.
Te creí por un rato
luego te vi mirando el busto de una señora
Y luego dijiste: ¡*Vaya lleve su lotería!*
¡*Hoy se juega la grande!*
¡*Se acumula, llévese su suerte!*
Eras vos y tus oficios.

Sombra detrás de la puerta

Ella se desnuda así, nada más.
Recoge sus ropas y las lava
antes que llegue el brujo
y los niños, ocho sombras más.

Es la trampa de ella detrás la puerta.
La han visto con sus volcancitos de barro
La han visto comiéndose las flores
de las casas vecinas. Llora por las tardes.
Llora cuando nadie pasa por la puerta.

Sombra loca, un día te quedarás sola.
por juguetona con los hombres
por andar haciendo de tu puerta
una entrada al sueño.

Sombra de un perro negro

Mi perro, es un can ansioso.
Listo y amable. Solloza sus tristezas

Nunca ha sido un can para la fiesta.
para la vagancia. Es tan listo.

Ahora está detrás de mí
y me cuida de la muerte.

Sombra de can y su cola espesa.
Sus orejas escuchan el eco de los muertos.
Sus ojos brillan en el rincón del patio.

¿Quién no amaría a su perro negro?
¿Quién no se casaría con la fidelidad absoluta?

Fiesta de las sombras

Felicidad de las sombras. Auténtica dicha.
Se trafican los días de estar en los mismos sitios.

Esperando una llamada. Se cuentan historias.
Se llaman por sus verdaderos nombres
Magdalena, Planeta, Lechuza, Gitana, Antonieta,
Félix, Obsidiana, Mario, Darío y Amarilis.

Toman hasta emborracharse con sus miedos.
Se hace la revelación de una sombra.
Conspiran ahora. Se animan para ser fiebre.

Se cuentan sobre revoluciones. De días en primavera.
De sueños con luz y algo de lluvia. Se imaginan corporales.

Bailan las sombras. Nadie les ha impedido que bailen.
NADIE. Eros las inunda. Una llama las convoca.

En eso hay sinceridad. En eso hay más que tinta
Porque las sombras saben que la vida es todo.
Que la vida es la fuente para su otro ser metálico.

Cantan las sombras. Nadie les va a impedir que canten.
NADIE. Ellas saborean la palabra que rompe los cristales.
Ellas saborean esa agitada locura de romper con lo inefable.

Las sombras seguirán su camino. Son hermanas.
Se buscarán siempre. En la sombra. O en la luz
Como cuerpos vigorosos que pueden ser
cuando ellas quieran. NADIE les ha prohibido ser.

Conspiración de la sombra

p.d. Sombra no es

Tu madre ha dicho que no salgas.
Tu madre ha dicho: ¡Quédate allí!
Me quedo en la sombra. Soledad sin sombra

Tus amigos dirán que amaste
¿Tienes miedo? ¡Sombra! ¡Vamos!
Me quedo en la sombra. Soledad sin sombra

Salgamos a fumar con esa luna.
Hagamos algo por el alma.
Me quedo en la sombra. Soledad sin sombra.

¿Me quieres? ¿Me deseas ?¿Me regalas tu piel?
-¡Vaya sombra!. ¿Existe alguna diferencia?.
Me quedo en la sombra. Soledad sin sombra.

¿Te quitas de ese rincón? Te regalo mi ojo.
Vamos sombra. La vida espera.
Reímos.

56   *Francisca Alfaro / Crujir de Pájaros*

Fiesta de las sombras

Felicidad de las sombras. Auténtica dicha.
Se trafican los días de estar en los mismos sitios.

Esperando una llamada. Se cuentan historias.
Se llaman por sus verdaderos nombres
Magdalena, Planeta, Lechuza, Gitana, Antonieta,
Félix, Obsidiana, Mario, Darío y Amarilis.

Toman hasta emborracharse con sus miedos.
Se hace la revelación de una sombra.
Conspiran ahora. Se animan para ser fiebre.

Se cuentan sobre revoluciones. De días en primavera.
De sueños con luz y algo de lluvia. Se imaginan corporales.

Bailan las sombras. Nadie les ha impedido que bailen.
NADIE. Eros las inunda. Una llama las convoca.

En eso hay sinceridad. En eso hay más que tinta
Porque las sombras saben que la vida es todo.
Que la vida es la fuente para su otro ser metálico.

Cantan las sombras. Nadie les va a impedir que canten.
NADIE. Ellas saborean la palabra que rompe los cristales.
Ellas saborean esa agitada locura de romper con lo inefable.

Las sombras seguirán su camino. Son hermanas.
Se buscarán siempre. En la sombra. O en la luz
Como cuerpos vigorosos que pueden ser
cuando ellas quieran. NADIE les ha prohibido ser.

La Autora

Francisca Alfaro (San Salvador, El Salvador, 10 de julio de 1984) Licenciada en Letras, poeta, investigadora literaria, cuentista y docente. Fue miembro fundadora del Círculo de la Rosa Negra en 2003, y el Colectivo Literario Delira Cigarra de 2006 a 2011 en El Salvador. En 2014 colaboró con "Háblame de respeto" como guionista literaria del manga "15 segundos". Algunos reconocimientos literarios son: Segundo Lugar en el Certamen Poético Universitario denominado: "Tu mundo en versos"(2008); Primer lugar en Los Juegos Florales de Zacatecoluca(2014) y en Primer lugar en el Certamen Nacional Santa Tecla Activa (2015); Los poemarios galardonados con estos dos últimos premios son los incluidos en esta edición de "Crujir de pájaros". Actualmente trabaja como docente en el área de literatura en la Universidad de El Salvador.

La Prologuista

Marta Miranda (Mendoza, Argentina, Siglo XX) Poeta y gestora cultural. Ha sido traducida al francés, alemán, catalán y croata. Su publicaciones más recientes son: "Nadadora" (Argentina, 2008), "El Oleaje y otros poemas", antología bilingüe (Argentina, 2013), "Antología" (México, 2013), "El Lado Oscuro del Mundo" (Argentina, 2015). Entre otras, participa de las antologías Animales Distintos: muestra de poesía de Argentina, España y México (México, 2008) y La poésie au coeurs des arts (Francia, 2014). Es coordinadora, junto al escritor Ricardo Rojas Ayrala, del Festival Internacional Va-Poesía Argentina. Desde 1986 reside en Buenos Aires, Argentina.

www.ingramcontent.com/pod-product-compliance
Lightning Source LLC
Chambersburg PA
CBHW031541040426
42445CB00010B/642